Sich nie mehr blamieren in

ENGLISCH

Lise Cribbin
Sabine Asenkerschbaumer

Compact Verlag

© 1999 Compact Verlag München
Chefredaktion: Claudia Schäfer
Redaktion: Bea Herrmann, Dr. Isabel Schneider
Illustrationen: Rainer Asenkerschbaumer
Produktionsleitung: Uwe Eckhard
Umschlaggestaltung: Inga Koch
Printed in Germany
ISBN 3-8174-7050-9
7270501

Vorwort

Jeder, der Englisch lernt, begegnet dabei früher oder später „falschen Freunden" – englischen Vokabeln, deren äußere Ähnlichkeit mit einem deutschen Wort den Lernenden dazu verleitet, auch eine Gleichheit der Bedeutung zu vermuten.

Da die „false friends" jedoch in Wirklichkeit etwas völlig anderes bedeuten, stiften sie oft Verwirrung und führen unter Umständen zu peinlichen Missverständnissen.

Dieses Buch zeigt die häufigsten typischen Wortschatzfehler auf und hilft, sie zu vermeiden. Jedes deutsche Stichwort wird durch Beispielsätze und ihre Übersetzung erläutert, der "false friend" wird enttarnt und seine tatsächliche Bedeutung angegeben. Durch die humorvollen Illustrationen prägen sich die Begriffe, bei denen Vorsicht geboten ist, besser ein.

Wer dieses Buch aufmerksam durcharbeitet, ist gegen falsche Freunde gefeit und wird sich mit seinen Sprachkenntnissen nicht mehr so leicht blamieren.

Aal

---

false friend ➔ *ale*　　　　**true friend** ➔ *eel*

Beispiel:

Man muss sehr geschickt sein, um einen Aal mit der Hand zu fangen.
You have to be skilled to catch an eel with your hands.

Der richtige Gebrauch des englischen Begriffs:

ale　　　　(engl.) Bier

Would you like light or dark ale?
Möchtet ihr dunkles oder helles Bier?

abhanden

false friend ➔ *offhand*   **true friend** ➔ *lost*

Beispiel:

Mein Vater kann sich nicht erinnern, wie ihm die Brieftasche abhanden gekommen ist.
My father cannot remember how he lost his wallet.

Der richtige Gebrauch des englischen Begriffs:

offhand   aus dem Stegreif

The politician could answer the journalist's questions offhand without further questioning.
Der Politiker konnte die Fragen des Journalisten ohne weiteres aus dem Stegreif beantworten.

absolvieren

false friend ➔ *absolve*   **true friend** ➔ *1. complete*
                                                 2. pass

Beispiel:

1. Er hat das Abitur erfolgreich absolviert
   He completed his A levels successfully.

2. Während der Sommerferien möchte sie endlich ihre Fahrprüfung absolvieren
   During the summer holidays, she would like to finally pass her driving test.

Der richtige Gebrauch des englischen Begriffs:

absolve   Absolution erteilen

> *The priest absolved the congregation of its sins.*
> Der Priester erteilte der Gemeinde die Absolution

Achsel
---

false friend ➔ *axle*   **true friend** ➔ *armpit*

Beispiel:

Wäre ihm niemand zu Hilfe gekommen, wäre er bis zu den Achseln im Wasser versunken.
If no one had come to help him, the water would have reached his armpits

Der richtige Gebrauch des englischen Begriffs:

axle   Achse

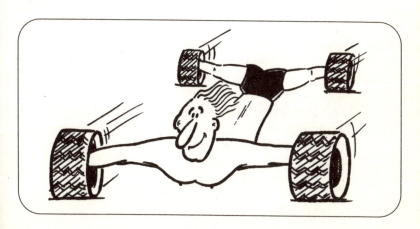

After the accident, it was absolutely necessary to change the axle.
Nach dem Unfall musste die Achse unbedingt gewechselt werden.

Akte(n)

---

false friend ➔ *act(s)*   **true friend** ➔ *1. file(s)*
                                                  2. record(s)

Beispiel:

1. Der Abteilungsleiter wollte alle Akten der Firmenkunden sehen.
   The department chief wanted to inspect all of the customers' files belonging to the company.

2. Der ermittelnde Anwalt war über die große Anzahl von Straftaten in den Akten seines Klienten überrascht.
   The investigating lawyer was surprised about the large number of criminal acts in his client's records.

Der richtige Gebrauch des englischen Begriffs:

acts   1. Taten, Handlungen
               2. Gesetze
               3. Akte

1. *The increasing number of violent acts in the city frightened her.*
   Die zunehmende Anzahl von Gewalttaten in der Stadt machten ihr Angst.

2. An *act* was passed in Parliament to increase the punishment for bribary.
Im Parlament wurde ein Gesetz verabschiedet, das die Strafe für Bestechung verschärft.

3. In the long second *act* of the opera one could clearly hear some people in the audience snoring.
Im zweiten Akt der Oper konnte man einige Leute im Publikum deutlich schnarchen hören.

aktuell

false friend ➜ *actual*   **true friend** ➜ *1. current*
                                              2. up to date

Beispiel:

1. Gesundheit und Ernährung sind fast überall von großem aktuellen Interesse.
   Health and nutrition are of great current interest almost everywhere.

2. Die Liste mit den Namen aller Firmen unserer Stadt, die du mir gestern gegeben hast, ist nicht aktuell.
   The list you gave me yesterday, containing the names of all companies in our town is not up to date.

Der richtige Gebrauch des englischen Begriffs:

actual   eigentlich

He runs the business, but the actual owner of the shop is his wife.
Er führt das Geschäft, aber der eigentliche Besitzer des Ladens ist seine Frau.

Allee

false friend → *alley*   **true friend** → *avenue*

Beispiel:

Es war sehr entspannend, die grüne Allee mit dem Fahrrad entlangzufahren.
It was very relaxing to cycle along the green avenue

Der richtige Gebrauch des englischen Begriffs:

alley   Gasse, Gässchen

The narrow alley was full of stray cats and broken bottles.
Die schmale Gasse war voller streunender Katzen und zerbrochener Flaschen.

also

false friend ➔ *also* **true friend** ➔ *1. so*
2. therefore
3. then

Beispiel:

1. Seine Freundin war nicht zum verabredeten Zeitpunkt am Kino, also ging er nach Hause.
His girlfriend wasn't at the cinema at the agreed time, so he went home.

2. Ich denke, also bin ich.
I think, therefore I am.

3. Denken Sie also bitte an die Hinweise, die ich Ihnen bereits gegeben habe.
Think about the pointers which I gave you before.

Der richtige Gebrauch des englischen Begriffs:

also auch, ebenfalls

Her daughter is not only very interested in scientific subjects, but also in art.
Ihre Tochter ist sehr an wissenschaftlichen Themen interessiert, aber auch an Kunst.

Art

false friend → *art*
true friend → *1. kind, sort, type*
2. (Art und Weise) way
3. (Wesen) nature
4. (Verhalten) behaviour

Beispiel:

1. Diese Art von Büchern finde ich überhaupt nicht interessant.
   I do not find this kind of book interesting at all.

2. Ich mag die Art, wie er mit Kindern umgeht.
   I like the way how he interacts with children.

3. Es ist nicht meine Art andere anzulügen.
   It is not of my nature to lie to others.

4. Seine Art ist zwar seltsam, aber eigentlich ist er ein netter Mensch.
His behaviour is rather strange, but actually his is a nice person.

Der richtige Gebrauch des englischen Begriffs:

art   Kunst

While living in Paris, he used his time intensively and visited a different art gallery every day.
Während er in Paris lebte, nutzte er die Zeit intensiv und besuchte fast jeden Tag eine andere Kunstgalerie.

---

aufstehen (aus dem Bett)

---

false friend ➔ *stand up*   **true friend** ➔ *get up*

Beispiel:

He used to get up at 6 o'clock in the morning and go for a swim before he went to work.
Früher stand er morgens gewöhnlich um 6 Uhr auf und ging schwimmen, bevor er zur Arbeit ging.

Der richtige Gebrauch des englischen Begriffs:

stand up   aufstehen, sich erheben

The bus driver asked the little boy to stand up and let the elderly lady sit down.
Der Busfahrer bat den kleinen Jungen aufzustehen, damit sich die alte Frau hinsetzen konnte.

ausgesprochen

false friend ➔ *outspoken*   **true friend** ➔ *1. marked*
2. extremely

Beispiel:

1. Meine Schwägerin hatte ein ausgesprochenes Desinteresse an der Angelegenheit.
My sister in law's lack of interest in the matter was marked

2. Wir fanden es alle ausgesprochen unhöflich von ihr, ihren Vater zu ihrer Geburtstagsfeier nicht einzuladen.
We all thought it was extremely impolite of her not to invite her father to her birthday party.

Der richtige Gebrauch des englischen Begriffs:

outspoken   offen, unverblümt

My neighbour is so outspoken that her words often offend other people.
Meine Nachbarin ist so offen, dass ihre Worte andere Leute oft vor den Kopf stoßen.

ausländisch

false friend ➔ *outlandish*   **true friend** ➔ *foreign*

Beispiel:

Er genoss es immer sehr, die verschiedenen ausländischen Restaurants der Stadt auszuprobieren.
He always enjoyed trying out the foreign restaurants of the city.

Der richtige Gebrauch des englischen Begriffs:

outlandish   ausgefallen

He found the girl very attractive, but didn't really know how to cope with her eccentric behaviour and outlandish clothing.
Er fand das Mädchen sehr attraktiv, wusste aber nicht mit ihrem exzentrischen Benehmen und ihrer ausgefallenen Kleidung umzugehen.

B

Bank (Sitz~)
---

false friend ➔ *bank*   **true friend** ➔ *bench*

Beispiel:

After the long walk we were looking forward to sitting down on a bench in the park.
Nach dem langen Spaziergang freuten wir uns darauf, uns auf die Bank im Park zu setzen.

Der richtige Gebrauch des englischen Begriffs:

bank   Bank (finanz.)

Since his childhood it has been his wish to work as a bank manager.
Seit seiner Kindheit war es sein Wunsch, als Bankmanager zu arbeiten.

---
bekommen
---

false friend ➔ *become*

true friend ➔ 1. (erhalten) receive, get
2. (gut tun) do someone good
3. (Essen usw.) not agree with someone
4. (ein Baby ~) have

Beispiel:

1. Heute morgen habe ich einen Brief von meiner Mutter bekommen.
   This morning I received a letter from my mother.

2. Ich weiß, dass der Urlaub ihm sehr gut bekommen wird.
   I know that the holiday will do him good.

3. Frau Brown macht sich Sorgen, weil Milch ihrem Baby nicht bekommt.
   Mrs Brown is worried because milk doesn't agree with her baby.

4. Es wundert mich, dass sie plötzlich unbedingt ein Baby bekommen möchte.
   I am surprised that suddenly she badly wants to have a baby.

Der richtige Gebrauch des englischen Begriffs:

become
1. werden, sich entwickeln
2. (emotional, physisch) werden
3. (~ of) werden

1. *I want to become a doctor.*
   Ich möchte Arzt werden

2. *When I mentioned my Swiss bank account, the waiter suddenly became very friendly.*
   Als ich mein Schweizer Bankkonto erwähnte, wurde der Kellner plötzlich sehr freundlich.

3. *"What will become of me?", wondered the old man when he had to move out of his flat.*
   „Was wird aus mir werden?", fragte sich der alte Mann, als er aus seiner Wohnung ausziehen musste.

---

bekömmlich

---

false friend → *becoming*   **true friend** → *digestible*

Beispiel:

Nach der Operation waren nur Kekse und Tee für ihn bekömmlich
After the operation, only biscuits and tea were disgestible for him.

Der richtige Gebrauch des englischen Begriffs:

becoming   kleidsam

"I honestly don't think that the green chequered trousers combined with the orange striped shirt is very becoming", said Mrs Jones to her son.
„Ich glaube wirklich nicht, dass die grün karierte Hose mit dem orange gestreiften Hemd sehr kleidsam ist", sagte Frau Jones zu ihrem Sohn.

beraten

false friend → *berate* **true friend** → *advise*

Beispiel:

Sein Anwalt beriet ihn in dieser Angelegenheit.
His lawyer advised him in what to do in this matter.

Der richtige Gebrauch des englischen Begriffs:

berate schelten

Julia was berated for not tidying up her room.
Julia wurde gescholten, weil sie ihr Zimmer nicht aufgeräumt hatte.

Biene

false friend → *bean* **true friend** → *bee*

Beispiel:

Die Frühlingswiese war voller Blumen und Bienen
The spring meadow was full of flowers and bees.

Der richtige Gebrauch des englischen Begriffs:

bean Bohne

> *Most British people enjoy eating beans on toast.*
> Die meisten Briten essen gern Bohnen auf Toast.

Bildung
---

false friend → *building*   **true friend** → *education*

Beispiel:

Das Bildungsniveau der Bewerber für das Rhodes-Stipendium in Oxford war sehr hoch.
The level of education among the applicants for the Rhodes Scholarship to Oxford was extremely high.

Der richtige Gebrauch des englischen Begriffs:

building Gebäude

The post office is the large yellow building at the end of the street.
Die Post ist das große gelbe Gebäude am Ende der Straße.

(sich) blamieren

---

false friend ➔ *blame (oneself)*
true friend ➔ *make a fool (of oneself)*

Beispiel:

Alexandra blamierte sich schrecklich, als sie mitten in ihrem Gedichtvortrag stecken blieb und kichern musste.
Alexandra made a real fool of herself when she got stuck in the very middle of her recital of the poem and had to giggle.

Der richtige Gebrauch des englischen Begriffs:

blame (oneself)   (sich) die Schuld geben

All of us were of the opinion that she shouldn't blame herself for the cancellation of the performance.
Wir waren alle der Meinung, dass sie sich nicht die Schuld dafür geben sollte, daß die Vorstellung abgesagt wurde.

blank

false friend ➜ *blank*
true friend ➜ *1. (mittellos) broke*
2. (poliert) shiny, shining

Beispiel:

1. Ich habe die Miete gerade noch bezahlen können, aber jetzt bin ich total blank
I barely managed to pay my rent, but now I am totally broke

2. Meine Frau putzt unsere Schuhe immer bis sie blank sind.
My wife usually polishes our shoes until they are shiny

Der richtige Gebrauch des englischen Begriffs:

blank 1. leer
2. verständnislos

1. *After two hours, she still had a blank piece of paper in front of her.*
Nach zwei Stunden hatte sie immer noch ein leeres Blatt Papier vor sich.

2. *He looked at her with a blank face when she told him of her decision and that nothing could change her mind about it.*
Er sah sie mit verständnislosem Gesicht an, als sie ihm ihre Entscheidung mitteilte und sagte, dass nichts ihre Meinung ändern könne.

brav

false friend ➔ *brave*　　**true friend** ➔ *1. well-behaved*
　　　　　　　　　　　　　　　　　　　　　　2. good

Beispiel:

1. Leider sind Kinder nicht immer brav
   Unfortunately, children are not always well-behaved

2. „Du bist aber ein braver Hund, Snoopy", sagte das Herrchen zu seinem Beagle.
   "You're a good dog, Snoopy", the master said to his beagle.

Der richtige Gebrauch des englischen Begriffs:

brave　　　　mutig, tapfer

It was very brave of her to have a tooth removed without anaesthetia.
Es war sehr tapfer von ihr, sich einen Zahn ohne Betäubung ziehen zu lassen.

breit

false friend ➔ *bright*　　**true friend** ➔ *1. broad*
　　　　　　　　　　　　　　　　　　　　　　2. wide

Beispiel:

1. Sie wohnten in einer breiten Straße voller teurer Villen und Autos.

They lived in a wide street with lots of mansions and expensive cars.

2. Er spricht breites Bayrisch.
He speaks broad Bavarian.

Der richtige Gebrauch des englischen Begriffs:

bright   1. hell
                     2. klug

1. *The farmer was not impressed by the bright lights of the city, and longed to get back home.*
Der Bauer war von den hellen Lichtern der Stadt nicht begeistert und sehnte sich danach, wieder nach Hause zu fahren.

2. *"Your son is a very bright boy, but you should encourage him to watch less television", advised the teacher.*
„Ihr Sohn ist ein sehr kluger Junge, aber sie sollten ihn ermuntern, weniger fernzusehen", riet der Lehrer.

Brieftasche

---

false friend → *briefcase*   **true friend** → *wallet*

Beispiel:

Tom erklärte dem Mann im Fundbüro, wo und wann er seine Brieftasche verloren hatte.
Tom explained where and when he had lost his wallet to the man in the lost property office.

Der richtige Gebrauch des englischen Begriffs:

briefcase   Aktentasche

> *Whenever he travels, Harry takes photographs of all his family in his briefcase.*
> Immer wenn er verreist, nimmt Harry Fotos seiner ganzen Familie in seiner Aktentasche mit.

C

Chef
---

false friend → *chef*   **true friend** → *boss*

Beispiel:

Der Chef war gut gelaunt und die Stimmung im ganzen Büro war heiter.
The boss was in a cheerful mood and the atmosphere in the whole office was good.

Der richtige Gebrauch des englischen Begriffs:

chef   Küchenchef, Koch

The chefs at the Savoy Hotel in London are probably among the best in the world.
Die Küchenchefs des Savoy-Hotels in London gehören sicher zu den besten der Welt.

D

dezent

false friend ➔ *decent*
true friend ➔ *1. subtle*
              2. unobtrusive

Beispiel:

1. Die Frau trug ein dezentes und teures Parfüm.
   The woman was wearing a subtle and expensive perfume.

2. Zu ihrem leichten Sommerkleid passt ihr dezenter Schmuck sehr gut.
   Her unobtrusive jewellery goes very well with her lihgt summer dress.

Der richtige Gebrauch des englischen Begriffs:

decent   anständig

Mr Kenneth was very impressed by the decent young man his daughter wanted to marry.
Mr Kenneth war von dem anständigen jungen Mann, den seine Tochter heiraten wollte, sehr beeindruckt.

dick

false friend → *thick*　　　　**true friend** → *fat*

Beispiel:

Für sein Alter ist mein Neffe ziemlich dick
My nephew is rather fat for his age.

Der richtige Gebrauch des englischen Begriffs:

thick　　　　1. dicht
　　　　　　　　2. (umgangssprachl.) blöd

1. *We had to drive very slowly because of the thick fog.*
   Wir mussten wegen des dichten Nebels sehr langsam fahren.

2. *Peter is always so thick!*
   Peter ist immer so blöd!

Dom

false friend ➔ *dome* **true friend** ➔ *cathedral*

Beispiel:

Der Dom zu Salisbury ist eine der schönsten Kirchen in Großbritannien.
Salisbury Cathedral is one of the loveliest churches in Great Britain.

Der richtige Gebrauch des englischen Begriffs:

dome Kuppel, Gewölbe

The most impressive part of the cathedral is its beautiful dome.
Der beeindruckendste Teil am Dom ist seine schöne Kuppel.

einrollen

false friend ➔ *enroll* **true friend** ➔ *roll up*

Beispiel:

Der Globetrotter rollte seinen alten Schlafsack ein und steckte ihn in seinen Rucksack.
The globetrotter rolled up his old sleeping bag and put it in his backpack.

Der richtige Gebrauch des englischen Begriffs:

enroll   sich einschreiben

Before she could enroll in the English course, she had to pass a short but demanding test which measured her level of knowledge.
Bevor sie sich in den Englischkurs einschreiben konnte, musste sie einen kurzen, aber anspruchsvollen Einstufungstest machen.

---

einschlafen

---

false friend → *sleep in*   **true friend** → *fall asleep*

Beispiel:

Er kann am besten einschlafen, wenn er in Gedanken Schafe zählt.
He is most able to fall asleep when he counts sheep.

Der richtige Gebrauch des englischen Begriffs:

sleep in   1. verschlafen
2. ausschlafen

1. *He was so afraid that he might sleep in on the morning he had to depart from his holiday, that he set 2 alarm clocks and also arranged for a wake-up call.*
Er hatte solche Angst, am Tag seines Rückfluges aus dem Urlaub verschlafen zu können, dass er zwei Wecker stellte und dazu noch einen Weckruf bestellte.

2. *He was glad that the next day was Sunday and he could sleep in.*
Er war froh, dass der nächste Tag Sonntag war und er ausschlafen konnte.

engagiert

false friend → *engaged*
true friend → *dedicated, involved*

> Beispiel:
>
> Zu Semesterbeginn sind Studenten gewöhnlich sehr engagiert, aber oft lässt die Begeisterung schnell nach.
> *At the beginning of term, students are usually very dedicated, but often the enthusiasm quickly decreases.*

Der richtige Gebrauch des englischen Begriffs:

engaged
1. verlobt
2. (Telefon) besetzt

1. *No one knew he had been engaged until he came back from holiday with a golden ring on his finger.*
Niemand wusste, dass er verlobt war, bis er mit einem goldenen Ring am Finger aus dem Urlaub zurückkam.

2. *His line is always engaged when I call him.*
Sein Telefon ist immer besetzt, wenn ich ihn anrufe.

Enkel

false friend → ankle   **true friend** → *grandchild*

Beispiel:

Das ältere Paar wurde jede Woche von seinen Enkeln besucht.
The elderly couple were visited by their grandchildren every week.

Der richtige Gebrauch des englischen Begriffs:

ankle   Fußknöchel

She fell and twisted her ankle badly in a skiing accident.
Sie ist bei einem Skiunfall gestürzt und hat sich den Fußknöchel schlimm verstaucht.

Etikett

false friend → *etiquette*   **true friend** → *label*

Beispiel:

Robert wollte den Räucherlachs unbedingt kaufen, bis er das Etikett las und erfuhr, was er kostete.
Robert really wanted to buy the smoked salmon until he read the label and found out how much it actually costed.

Der richtige Gebrauch des englischen Begriffs:

etiquette   Umgangsformen

> *Elvira thinks that her etiquette is very good because she often reads "Knigge".*
> Elvira denkt, daß ihre Umgangsformen sehr gut sind, da sie häufig im Knigge liest.

---

eventuell

---

false friend → *eventually*
true friend → *1. possible*
                  2. perhaps, maybe

Beispiel:

1. Du musst dir einen Plan machen, um eventuelle Schwierigkeiten zu umgehen.
   You have to make a plan in order to avoid possible difficulties.

2. Wir können *eventuell* um 7 Uhr bei euch vorbeikommen.
   Perhaps we will be able to come around at 7 o'clock.

Der richtige Gebrauch des englischen Begriffs:

eventually   schließlich, endlich

> *He eventually found his way home after he had been missing for several days.*
> Nachdem er mehrere Tage vermisst gewesen war, fand er schließlich den Weg nach Hause.

Fabrik
---

false friend ➔ *fabric*   **true friend** ➔ *factory*

Beispiel:

Während der industriellen Revolution waren die Arbeitsbedingungen in Fabriken sehr schlecht.
Working conditions in factories were very bad during the industrial revolution.

Der richtige Gebrauch des englischen Begriffs:

fabric   Stoff

Her new raincoat was supposed to be made of waterproof fabric, but the first time it rained, she was soaked to the skin.
Ihr neuer Regenmantel war angeblich aus wasserundurchlässigem Stoff, aber nach dem ersten Regen war sie nass bis auf die Haut.

familiär

false friend ➔ *familiar*
true friend ➔ *1. personal*
  2. relaxed, informal
  3. intimate

Beispiel:

1. Aus familiären Gründen musste er früher abreisen.
   He had to return earlier for personal reasons.

2. Mir gefällt die familiäre Atmosphäre an meinem neuen Arbeitsplatz.
   I like the relaxed atmosphere in my new office.

3. Offensichtlich gefiel ihr die familiäre Art ihres Chefs nicht.
   Obviously, she didn't like the intimate manner of her boss.

Der richtige Gebrauch des englischen Begriffs:

familiar 1. (wohl)bekannt
 2. (wohl)vertraut
 3. vertraut, freundschaftlich
 4. (plump) vertraulich

1. *Kate und Elizabeth were almost as familiar as old friends.*
   Kate und Elizabeth waren miteinander fast so bekannt wie alte Freunde.

2. *She was very familiar with computers, which immensely increased her chances to get the job.*
   Mit Computern war sie sehr vertraut, was ihre Chancen, den Job zu bekommen, stark verbesserte.

3. *I'm on familiar terms with most people on my street.*
   Zu fast allen Menschen in meiner Straße habe ich eine freundschaftliche Beziehung.

4. *After only a few days, my colleague became very familiar*
   Schon nach wenigen Tagen wurde meine Arbeitskollegin plump vertraulich

---

famos

---

false friend → *famous*　　　　**true friend** → *excellent*

Beispiel:

„Vielen Dank für den schönen Abend und das famose Essen", bedankte sich Cedric bei seinen Gastgebern.
"Thank you for the wonderful evening and the excellent meal", Cedric thanked his hosts.

Der richtige Gebrauch des englischen Begriffs:

famous　　　　berühmt

Edinburgh is famous for its beautiful old castle and the festival, which takes place every August.
Edinburgh ist berühmt für sein schönes altes Schloss sowie die Festspiele, die jeden August stattfinden.

---

fast

---

false friend ➜ *fast*
true friend ➜ *almost, nearly*

> Beispiel:
>
> „Das Mittagessen ist fast fertig, also beeilt euch und wascht euch die Hände", sagte der Vater zu seinen Kindern.
> *"Lunch is almost ready, so hurry up and wash your hands!", the father said to his children.*

Der richtige Gebrauch des englischen Begriffs:

fast   schnell

> *She didn't hesitate to pay the 50,000 marks for the fast sports car, which she had always wanted to buy.*
> Sie zahlte ohne Zögern die 50.000 Mark für den schnellen Sportwagen, den sie schon immer kaufen wollte.

fasten

false friend ➔ *fasten*   **true friend** ➔ *fast*

Beispiel:

Der Mönch zog sich vollkommen zurück und fastete mehrere Wochen lang.
The monk retreated completely and fasted for several weeks.

Der richtige Gebrauch des englischen Begriffs:

fasten   1. anschnallen
              2. befestigen

1. *Usually passengers are recommended to remain seated with their seatbelts fastened during the whole duration of the flight.*
   Es wird Passagieren normalerweise empfohlen, während des gesamten Fluges angeschnallt sitzen zu bleiben.

2. *He fastened the skis to the roof of the car with a rope and drove to the mountains.*
Er befestigte die Skier mit einem Seil auf dem Autodach und fuhr in die Berge.

faul

false friend → foul   **true friend** → *lazy*

Beispiel:

Susan war ein intelligentes Mädchen, das bessere Noten in der Schule bekommen hätte, wenn sie nicht so faul gewesen wäre.
Susan was an intelligent girl who would have got far better grades at school if she hadn't been so lazy.

Der richtige Gebrauch des englischen Begriffs:

foul   faulig

The apples they had picked in autumn had been badly stored and were now either foul or mealy.
Die im Herbst gepflückten Äpfel waren schlecht gelagert worden und waren jetzt faulig oder mehlig.

flattern

false friend → *flatter*   **true friend** → *flutter*

Beispiel:

Gestern morgen habe ich einige Vögel vor meinem Fenster flattern gehört.
Yesterday morning I heard some birds flutter in front of my window.

Der richtige Gebrauch des englischen Begriffs:

flatter   schmeicheln

> *Don't try to flatter me!*
> Versuche nicht, mir zu schmeicheln!

Flug

---

false friend ➔ *fly*   **true friend** ➔ *flight*

Beispiel:

Der Flug nach Australien dauert manchmal bis zu 35 Stunden.
The flight to Australia sometimes lasts up to 35 hours.

Der richtige Gebrauch des englischen Begriffs:

fly   Fliege

When Brian was dozing in the sun, and a fly suddenly landed directly on his nose, he immediately jumped onto his feet.
Als eine Fliege plötzlich auf Brians Nase landete, während er in der Sonne döste, sprang er sofort auf.

Flur

---

false friend → *floor*   **true friend** → *corridor*

Beispiel:

Der Flur des alten Hauses, in dem wir die Wohnung besichtigten, in die wir einziehen wollten, war lang und dunkel.
The corridor of the old house where we were viewing the flat we wanted to move into was long and dark.

Der richtige Gebrauch des englischen Begriffs:

floor   1. (Fuß)boden
2. Etage, Stock(werk)

1. *The man lay unconsciously on the floor*
Der Mann lag bewusstlos auf dem Boden

2. *The restaurant is situated on the 35th floor of the hotel.*
Das Restaurant befindet sich im 35. Stock des Hotels.

Fotograf

false friend → *photograph*
true friend → *photographer*

Beispiel:

Während der Taufe machte der Fotograf sehr viele Fotos.
The photographer took a lot of photos during the christening.

Der richtige Gebrauch des englischen Begriffs:

photograph   Foto, Aufnahme

The photograph of her was not exactly flattering.
Die Aufnahme schmeichelte ihr nicht gerade.

Gang

false friend ➔ *gang*   **true friend** ➔ *corridor*

Beispiel:

Der Stellenbewerber wurde furchtbar nervös, als er den langen Gang entlang zum Besprechungszimmer ging.
The job applicant became terribly nervous as he walked along the dark corridor leading to the interview room.

Der richtige Gebrauch des englischen Begriffs:

gang
1. Bande
2. Truppe

1. *After the council had organised more activities for adolescents, far fewer gangs were seen on the streets of the small town and the number of criminal offenses decreased.*
Nachdem der Stadtrat mehr Veranstaltungen für Jugendliche organisiert hatte, waren viel weniger Banden auf den Straßen der Kleinstadt zu sehen und die Anzahl der Straftaten sank.

2. *Nina was always happy to go back to her hometown at the weekend and to enjoy a beer with her old gang*
Nina freute sich immer, am Wochenende in ihre Heimatstadt zurückzukehren und ein Bier mit ihrer alten Truppe zu genießen.

genial

false friend → *genial* **true friend** → *brilliant*

Beispiel:

Trotzdem er so viele geniale Entdeckungen gemacht hatte, hatte er es ein Leben lang schwer, eine Arbeit zu finden.
Although he had made so many brilliant discoveries, he had to struggle all his life to find a job.

Der richtige Gebrauch des englischen Begriffs:

genial   gutmütig

Although Mr Meldrum had had a very difficult life, he was very popular among his friends and family because he was always very genial
Obwohl Mr Meldrum ein sehr schwieriges Leben hinter sich hatte, war er sehr beliebt bei seinen Freunden und Verwandten, weil er immer sehr gutmütig war.

Genie

false friend ➔ *genie* **true friend** ➔ *genius*

Beispiel:

Es war schon von Kindheit an offensichtlich, dass Mozart ein Genie war.
It was clear from a very early age that Mozart was a genius

Der richtige Gebrauch des englischen Begriffs:

genie Dschinn

A helpful spirit in Arab fairy tales is called a genie
Ein hilfreicher Geist in arabischen Märchen wird Dschinn genannt.

Gift

false friend ➔ *gift* **true friend** ➔ *poison*

Beispiel:

Rattengift muss für Kinder unzugänglich aufbewahrt werden.
Rat poison must be kept out of reach from children.

Der richtige Gebrauch des englischen Begriffs:

gift 1. Geschenk
2. Begabung, Talent

1. She was very happy about the gift from her grandchildren.
   Sie freute sich sehr über das Geschenk von ihren Enkelkindern.

2. He has a great talent for music.
   Er hat eine große Begabung für Musik.

Glanz

false friend ➔ *glance*
true friend ➔ *brightness, shininess*

Beispiel:

Er war vom Glanz ihrer Augen und dem Charme ihres Lächelns entzückt.
He was charmed by the brightness of her eyes and the charm of her smile.

Der richtige Gebrauch des englischen Begriffs:

glance   Blick

Martin was in love with the girl, but she didn't even glance at him once during the whole evening.
Martin war in das Mädchen verliebt, aber sie würdigte ihn während des ganzen Abends keines einzigen Blickes.

*Hinweis: „Liebe auf den ersten Blick" heißt auf Englisch "love at first sight".

---

grausam

---

false friend ➔ *gruesome*   **true friend** ➔ *cruel*

    Beispiel:

    Im Gegensatz zu anderen Katzen ist Pinky nur selten grausam.
    In contrast to other cats, Pinky is rarely cruel.

Der richtige Gebrauch des englischen Begriffs:

gruesome   schauerlich

    He wanted to become a doctor, but found operations so gruesome that he decided to become an accountant instead.
    Er wollte Arzt werden, fand aber Operationen so schauerlich, dass er sich stattdessen entschied, Buchhalter zu werden.

gültig

false friend ➔ *guilty*   **true friend** ➔ *valid*

Beispiel:

Seine Fahrkarte war nicht mehr gültig, als er kontrolliert wurde. Er musste deshalb eine Geldstrafe zahlen.
His ticket was no longer valid when he was checked, so he had to pay a fine.

Der richtige Gebrauch des englischen Begriffs:

guilty   schuldig

When the witnesses testified it became clear that the accused was guilty.
Als die Zeugen aussagten, wurde deutlich, dass der Angeklagte schuldig war.

Gymnasium

false friend ➔ *gymnasium*
true friend ➔ *grammar school*

Beispiel:

Robert besuchte das Gymnasium, weil seine Eltern wollten, dass er an der Universität Jura studierte.
Robert attended grammar school because his parents wanted him to study law at university.

Der richtige Gebrauch des englischen Begriffs:

gymnasium (gym)   Turnhalle

> *My sister wants to become a gymnast and practises in the gym every evening.*
> Meine Schwester möchte Kunstturnerin werden und übt jeden Abend in der Turnhalle

Handel

false friend ➔ *handle*   **true friend** ➔ *trade*

Beispiel:

Das Handelsembargo hatte eine sehr negative Wirkung auf die Bauern.
The trade emargo had a very negative effect on the farmers.

Der richtige Gebrauch des englischen Begriffs:

handle   1. Henkel
     2. Türklinke, Türknopf

1. *When he picked up the cup, the handle broke and he spilled the tea all over the carpet.*
   Als er die Tasse anhob, brach der Henkel ab und er vergoss den Tee über den ganzen Teppich.

2. *She turned the handle slowly trying not to make any noise because she didn't want to wake him.*
   Sie drehte den Türknopf langsam um und versuchte, kein Geräusch zu machen, weil sie ihn nicht aufwecken wollte.

Hausaufgaben

false friend ➔ *housework*   **true friend** ➔ *homework*

Beispiel:

Wir können heute abend nicht weggehen, weil wir so viele Hausaufgaben zu machen haben.
We can't go out tonight because we have so much homework to do.

Der richtige Gebrauch des englischen Begriffs:

Hinweis: "Homework" verwendet man im Englischen nur in der Einzahl. "Homeworks" gibt es nicht.

housework   Hausarbeit

She hates housework and lets her husband do everything, except for the ironing, which she enjoys.
Sie hasst Hausarbeit und lässt alles ihren Mann machen, außer dem Bügeln, das sie gern macht.

Hausmeister

false friend → *housemaster*
true friend → *caretaker, janitor (US)*

>Beispiel:
>
>Ich musste den Hausmeister um 2 Uhr morgens wecken, weil ich meinen Schlüssel vergessen hatte.
>*I had to wake the janitor at two o'clock in the morning because I had forgotten my key.*

Der richtige Gebrauch des englischen Begriffs:

housemaster   *Hausleiter (an Internatsschulen); für eine Internatseinheit verantwortlicher Lehrer*

>*Before they started studying at the boarding school, the parents had to introduce their children to the housemaster*
>Vor der Aufnahme ins Internat mussten die Eltern ihre Kinder dem Hausleiter vorstellen.

Helm

false friend → *helm*   **true friend** → *helmet*

>Beispiel:
>
>Der Helm ist Bestandteil der Uniform eines britischen "Bobbys".
>*The helmet is part of a British "Bobby's" uniform.*

Der richtige Gebrauch des englischen Begriffs:

helm
1. (Schiffs-)Steuer
2. Ruder (figurativ)

1. Despite the storm, the captain stayed at the helm of the ship all night.
Trotz des Sturms blieb der Kapitän die ganze Nacht am Steuer des Schiffes.

2. Bill Clinton took over at the helm of the US Government in 1993.
Bill Clinton übernahm 1993 das Ruder der US-Regierung.

Hose

---

false friend → *hose*
true friend → *trousers (UK), pants (US)*

Beispiel:

„Was steht mir besser – die grüne oder die lila Hose?"
"Which suit me better – the green or the purple trousers?"

Der richtige Gebrauch des englischen Begriffs:

hose Schlauch

It's better to water the garden with a hose than with a watering can.
Es ist besser, den Garten mit einem Schlauch als mit einer Gießkanne zu bewässern.

Hut

false friend ➔ *hut* **true friend** ➔ *hat*

Beispiel:

In den zwanziger Jahren war es ungewöhnlich für eine Frau, ohne Hut in der Öffentlichkeit gesehen zu werden.
In the 1920s, it was unusual for a woman to be seen in public without a hat.

Der richtige Gebrauch des englischen Begriffs:

hut Hütte

After hiking for 20 miles, they were happy to sit down in a little hut and enjoy a beer together.
Nachdem sie 20 Meilen gewandert waren, setzten sie sich gerne in die kleine Hütte und genossen gemeinsam ein Bier.

I / J

Igel

false friend → *eagle*   **true friend** → *hedgehog*

Beispiel:

Die Kinder entdeckten einen Igel, dessen Winterschlaf gestört worden war und der im Garten umherirrte.
The children discovered a hedgehog which was running confusedly around the garden because its hibernation had been disturbed.

Der richtige Gebrauch des englischen Begriffs:

eagle   Adler

> *The eagle flew majestically over the mountains and then suddenly dropped from the sky to catch a mouse with his claws.*
> Der Adler flog majestätisch über die Berge und stürzte plötzlich vom Himmel, um eine Maus mit seinen Krallen zu fangen.

Jalousie

---

false friend → *jealousy*
true friend → *(Venetian) blind*

> Beispiel:
>
> Sie haben Jalousien auf der Südseite des Hauses einbauen lassen, weil die sommerliche Hitze fast unerträglich war.
> *They had blinds installed on the southern side of the house, because the summer heat was almost unbearable.*

Der richtige Gebrauch des englischen Begriffs:

jealousy   Eifersucht

> *Every evening when her husband came home late, she was consumed by jealousy and distrust.*
> Jeden Abend, wenn ihr Mann später nach Hause kam, war sie voller Eifersucht und Misstrauen.

Karte

false friend ➔ *cart*
true friend ➔ *1. card*
2. (Land~) map
3. ticket

Beispiel:

1. Meine Tante schickt mir jedes Jahr eine Weihnachtskarte, obwohl wir Nachbarn sind.
My aunt sends me a Christmas card every year, although we are neighbours.

2. Sie haben sich hoffnungslos verfahren, weil sie keine Landkarte dabeihatten.
They got totally lost while driving because they didn't have a map with them.

3. Meine Schwester freute sich riesig, als sie die Karte für das Pavarotti-Konzert bekam.
My sister was extremely happy when she got the ticket for the Pavarotti concert.

Der richtige Gebrauch des englischen Begriffs:

cart   Wagen

The newly married couple took a romantic ride through the streets of Vienna in a horse and cart.

Das frisch verheiratete Paar machte eine romantische Fahrt mit Pferd und Wagen durch die Straßen Wiens.

Kaution

---

false friend → *caution*
true friend → 1. *bail (juristisch)*
  2. *(security) deposit*

Beispiel:

1. Der Richter verlangte 1.000 Mark Kaution von dem Dieb.
   The judge required a bail of 1,000 marks from the thief.

2. John hatte sehr wenig Geld übrig, nachdem er die erste Monatsmiete und zwei Monatsmieten Kaution für seine neue Wohnung bezahlt hatte.
John had very little money left over after he had paid the first month's rent and two months' deposit for his new flat.

Der richtige Gebrauch des englischen Begriffs:

caution   Vorsicht

Caution is required when working with dangerous chemicals.
Beim Arbeiten mit gefährlichen Chemikalien ist Vorsicht geboten.

Kind

---

false friend → *kind*   **true friend** → *child*

Beispiel:

Als Kind habe ich am liebsten Erdnussbutter gegessen.
When I was a child, my favourite food was peanut butter.

Der richtige Gebrauch des englischen Begriffs:

kind   1. Art, Sorte
               2. nett, gütig, lieb

1. *He liked all kinds of music, even Country and Western.*
   Er mochte alle Musikarten, sogar Country und Western.

2. *His grandmother was a kind and generous woman, and he was very sad when she died.*
   Seine Großmutter war eine gütige und großzügige Frau, und er war sehr traurig, als sie starb.

---

kochen (sieden)

---

false friend → *cook* **true friend** → *boil*

Beispiel:

Peter ging in die Küche, um Wasser für den Tee zu kochen
Peter went into the kitchen to boil some water for the tea.

Der richtige Gebrauch des englischen Begriffs:

cook   kochen, Essen zubereiten

My sister likes to cook but doesn't enjoy cleaning the kitchen afterwards, which she usually leaves for me.
Meine Schwester kocht gern, räumt danach aber nicht gern die Küche auf, was sie mir normalerweise überlässt.

Kohl

false friend ➔ *coal*　　　　**true friend** ➔ *cabbage*

Beispiel:

Kohl ist zu jeder Jahreszeit eine der billigsten Gemüsesorten.
Cabbage is one of the cheapest types of vegetable which can be purchased all year round.

Der richtige Gebrauch des englischen Begriffs:

coal 　　　　Kohle

On cold winter nights, his father used to ask him to go and get some coal from the basement for the open fireplace.
An kalten Winterabenden schickte ihn sein Vater gewöhnlich in den Keller, um Kohlen für den Kamin zu holen.

Konfession

false friend → *confession*
true friend → *denomination*

    Beispiel:

    Vor dem Bewerbungsgespräch musste sie ein langes Formular mit Fragen zu Geburtsdatum, Familienstand, Beruf und Konfession ausfüllen.
    Before the job interview she had to fill out a long form with details such as her date of birth, marital status, profession and denomination.

Der richtige Gebrauch des englischen Begriffs:

confession   1. Geständnis
                    2. Beichte

1. *After the thief had robbed the old lady's handbag, all of us were surprised when he made a full confession to the police.*
Nachdem der Dieb die Handtasche der alten Frau gestohlen hatte, waren wir alle sehr überrascht, als er ein volles Geständnis bei der Polizei machte.

2. *She used to be a very pious girl who went to confession three times a day, but she has changed completely in the last few years.*
Sie war ein sehr frommes Mädchen, das dreimal am Tag zur Beichte ging, aber sie hat sich in den letzten Jahren total verändert.

Konkurrenz

false friend ➔ *concurrence*   **true friend** ➔ *competition*

Beispiel:

Die neuen Computerprodukte waren gut, die Konkurrenz war aber für die herstellende Firma zu stark, um weiter zu expandieren.
The new computer products were good, but the competition for the manufacturing company was too strong for it to be able to expand further.

Der richtige Gebrauch des englischen Begriffs:

concurrence   Übereinstimmung

The manager's proposals met with concurrence among the members of the board.
Die Vorschläge des Managers fanden Übereinstimmung unter den Mitgliedern des Vorstandes.

konsequent

false friend ➔ *consequent*   **true friend** ➔ *consistent*

Beispiel:

Sie ist nicht konsequent: Erst sagt sie das eine und fünf Minuten später etwas ganz anderes.
She isn't consistent: first she says one thing, then, five minutes later she says something completely different.

Der richtige Gebrauch des englischen Begriffs:

consequent   resultierend, daraus/darauf folgend

The trade embargo and the consequent shortages were very damaging for the country's economy.
Das Handelsembargo und die daraus resultierende Knappheit waren für die Wirtschaft des Landes schädigend.

Kost

---

false friend → *cost*   **true friend** → *1. food*
                                                    2. diet

Beispiel:

1. Sie bevorzugte vegetarische Kost gegenüber Fleisch.
   She preferred vegetarian food to meat.
2. Mr Smith wurde von seinem Arzt geraten, fettfreie Kost zu essen.
   Mr Smith was advised by his doctor to maintain a fat-free diet.

Der richtige Gebrauch des englischen Begriffs:

cost Kosten, Preis

The cost of petrol has risen dramatically in the last few years.
Die Benzinpreise sind in den letzten Jahren dramatisch gestiegen.

---

kräftig

---

false friend → *crafty* **true friend** → *strong*

Beispiel:

Die Kinder sahen nach ihrem Skiurlaub kräftig und gesund aus.
The children looked strong and healthy after their skiing holiday.

Der richtige Gebrauch des englischen Begriffs:

crafty listig

The foxes are generally considered as being crafty animals.
Füchse werden im Allgemeinen für listige Tiere gehalten.

Kritik

false friend ➔ *critic*   **true friend** ➔ *criticism*

Beispiel:

Meine Chefin lobt uns oft und übt nur konstruktive Kritik.
My boss praises us often and makes only constructive criticism.

Der richtige Gebrauch des englischen Begriffs:

critic   Kritiker

After the musician had read the very unflattering review of his concert, he called the critic.
Nachdem der Musiker die sehr unschmeichelhafte Kritik seines Konzertes gelesen hatte, rief er den Kritiker an.

L

Lager

false friend → *lager*   **true friend** → *store room*

Beispiel:

Die Hafenarbeiter brachten die Waren gleich in das Lager.
The wharfies brought the goods directly to the store room.

Der richtige Gebrauch des englischen Begriffs:

lager   Bier

> *A cold lager on a hot day is always a great pleasure.*
> Ein kaltes Lager-Bier an einem heißen Tag ist immer ein großer Genuß.

Lektüre
---

false friend → *lecture*
true friend → *reading material*

> Beispiel:
>
> Bill nahm jede Menge entspannende Lektüre mit in den Urlaub, kam aber nicht dazu, eine einzige Seite zu lesen.
> *Bill took quite a lof of relaxing reading material with him on his holiday, but didn't get around to reading a single page.*

Der richtige Gebrauch des englischen Begriffs:

lecture   Vorlesung, Vortrag

> *Professor Smith's lecture was so boring that I fell asleep and didn't wake up until it was over and the students left.*
> Die Vorlesung von Professor Smith war so langweilig, dass ich einschlief und erst aufwachte, als sie vorbei war und die Studenten gingen.

locker

false friend ➔ *locker*   **true friend** ➔ *1. loose*
                                                2. relaxed

Beispiel:

1. Weil sein Zahn locker war, ging er zum Zahnarzt.
   Because his tooth was loose, he went to the dentist's.

2. „Mach dir keine Sorgen wegen der Prüfung", riet Samantha ihrem Bruder. „Sei locker!"
   "Don't worry about the exam", Samantha advised her brother. "Stay relaxed!"

Der richtige Gebrauch des englischen Begriffs:

locker   Schließfach

All the lockers in the changing room smelled like old socks and moldy bananas.
Alle Schließfächer im Umkleideraum rochen nach alten Socken und schimmeligen Bananen.

Lumpen

false friend ➔ *lumps*   **true friend** ➔ *rags*

Beispiel:

„Du gehst doch nicht etwa in diesen Lumpen weg, oder?", fragte die Mutter.
"You're not going out in those rags, are you?", asked the mother.

Der richtige Gebrauch des englischen Begriffs:

lumps   Knötchen, Beulen, Schwellungen

They were bitten by moskitos at night, and in the morning their legs and arms were a mass of lumps.
Sie wurden in der Nacht von Mücken gestochen und am Morgen hatten ihre Beine und Arme jede Menge Schwellungen.

Lust

---

false friend → *lust*
true friend → *1. desire, mood*
   2. pleasure
   3. interest
   4. craving, appetite

Beispiel:

1. Ich habe Lust, heute abend ins Kino zu gehen.
   I'm in the mood to go to the cinema this evening.

2. Es war für sie eine Lust, ihre Tochter auf der Bühne zu sehen.
It was a pleasure for her to see her daughter on stage.

3. Ich habe wieder Lust an der Arbeit bekommen.
I have taken a new interest in my work.

4. Um 4 Uhr früh hatte sie riesige Lust auf Blaubeeren mit Sahne.
At 4 o'clock in the morning she had an enormous craving for blueberries and cream.

Der richtige Gebrauch des englischen Begriffs:

lust
                1. sinnliche Begierde
                2. Gier

1. *The Priest warned his congregation against marrying for lust instead of love.*
Der Priester warnte seine Gemeinde davor aus sinnlicher Begierde anstatt aus Liebe zu heiraten.

2. *She was very successful in politics until her lust for power destroyed her.*
Sie war sehr erfolgreich in der Politik, bis sie von Machtgier zerstört wurde.

M

Major

false friend → *mayor*   **true friend** → *major*

Beispiel:

Für seine herausragenden Leistungen beim Manöver erhielt der Major eine besondere Auszeichnung.
For his outstanding achievements during the manœuvre, the major received special distinction.

Der richtige Gebrauch des englischen Begriffs:

mayor Bürgermeister

The mayor is a very highly regarded person in the town and he is likely to be re-elected next year.
Der Bürgermeister ist eine sehr angesehene Persönlichkeit in der Stadt und es ist wahrscheinlich, dass er im nächsten Jahr wieder gewählt wird.

Mappe

false friend → *map* **true friend** → *folder, file*

Beispiel:

Nach dem Unterricht packte der Junge all seine Mappen in die Tasche und lief gleich von der Schule aus zum Strand.
After the lesson, the boy put his folders into his bag and ran to the beach straight from school.

Der richtige Gebrauch des englischen Begriffs:

map (Land)Karte, Stadtplan

It's impossible to find your way around London without a map.
Es ist unmöglich, sich in London ohne Stadtplan zurechtzufinden.

Meinung

false friend → *meaning*   **true friend** → *1. opinion*
                                                  2. mind

Beispiel:

1. Nach meiner Meinung hatte niemand gefragt.
   No one had asked for my opinion.

2. Hast du deine Meinung schon wieder geändert?
   Have you changed your mind again?

Der richtige Gebrauch des englischen Begriffs:

meaning   1. Bedeutung
                  2. Sinn

1. *What is the meaning of this word?*
   Was ist die Bedeutung dieses Wortes?

2. *Everyone wants to know the meaning of life.*
   Jeder möchte den Sinn des Lebens wissen.

Menü

false friend → *menu*   **true friend** → *set meal*

Beispiel:

Mein Mann bestellt normalerweise immer ein Menü, wenn wir in ein Restaurant gehen.
My husband usually orders a set meal when we go out to a restaurant.

Der richtige Gebrauch des englischen Begriffs:

menu   Speisekarte

"Could I have the menu, please?", the woman asked the waiter.
„Kann ich bitte die Speisekarte haben?", fragte die Frau den Kellner.

Minze

---

false friend → *mince*   **true friend** → *peppermint*

Beispiel:

Pfefferminztee ist ein gutes Mittel gegen Erkältungen.
Peppermint tea is a good remedy for colds.

Der richtige Gebrauch des englischen Begriffs:

mince   Hackfleisch

For 30 years, they have eaten mince with mashed potatoes for dinner every Monday.
Sie aßen seit 30 Jahren jeden Montag Hackfleisch mit Kartoffelbrei zum Abendessen.

Mist

---

false friend ➔ *mist*   **true friend** ➔ *dung*

Beispiel:

Der Bauer düngte sein Feld mit Mist und hoffte auf eine gelungene Ernte im Herbst.
The farmer fertilised his field with dung and hoped for a successful harvest in the autumn.

Der richtige Gebrauch des englischen Begriffs:

mist   1. Nebel
                  2. Dunst

1. *The young couple kissed passionately as they watched the mist rise on the mountains together.*
   Das junge Paar küsste sich leidenschaftlich, während sie gemeinsam zusahen, wie der Nebel auf den Bergen aufstieg.

2. *In the early hours of the morning, they walked through the meadows and finally returned only when the mist had dispersed.*
   In den frühen Morgenstunden gingen sie durch die Wiesen und kehrten erst dann wieder zurück, als sich der Dunst aufgelöst hatte.

Mörder

false friend ➔ *murder*
true friend ➔ *1. murderer, killer*
  2. assasin

  Beispiel:

  1. Jack the Ripper ist einer der berüchtigsten Massenmörder.
  Jack the Ripper is one of the most notorious mass murderers.

  2. Während der Untersuchung konnte der Mörder von Zeugen erkannt werden.
  In the investigation, the assasin could be identified by witnesses.

Der richtige Gebrauch des englischen Begriffs:

murder   Mord

  It was a particularly absurd murder.
  Es war ein besonders absurder Mord.

N

---
nebenbei
---

false friend → *nearby* **true friend** → *by the way*

Beispiel:

„Nebenbei bemerkt", sagte die Vermieterin, „Könnten Sie ab 21 Uhr leiser Klavier spielen?"
"By the way", said the landlady, "Could you please play the piano more quietly after 9 o'clock?"

Der richtige Gebrauch des englischen Begriffs:

nearby   in der Nähe

Is there a bank nearby?
Gibt es hier in der Nähe eine Bank?

---
neulich
---

false friend → *newly*
true friend → *recently, lately*

Beispiel:

Ich habe erst neulich mit ihm telefoniert.
I only recently spoke to him on the phone.

Der richtige Gebrauch des englischen Begriffs:

newly gerade erst

They were only newly married, and already they were considering getting a divorce.
Sie hatten gerade erst geheiratet und schon erwogen sie, sich wieder scheiden zu lassen.

Note

---

false friend → *note*   **true friend** → *mark, result*

Beispiel:

Tom war über seine schlechten Noten enttäuscht.
Tom was dissappointed about his poor results.

Der richtige Gebrauch des englischen Begriffs:

note   1. Zettel, Notiz
              2. Note (musik.)

1. *My husband had left a note to let me know that he would come home later.*
   Mein Mann hatte eine Notiz hinterlassen, um mir mitzuteilen, daß er später nach Hause kommt.

2. *C was the first musical note that he learnt.*
   Das C war die erste Note, die er lernte.

Notiz

---

false friend → *notice*   **true friend** → *note*

Beispiel:

Bei Vorträgen mache ich mir immer Notizen
I usually take notes during a lecture.

Der richtige Gebrauch des englischen Begriffs:

notice   Kündigung, Kündigungsfrist

When my brother wanted to quit his job at the factory, he had to give six weeks notice.
Als mein Bruder seine Arbeit in der Fabrik aufgeben wollte, hatte er eine Kündigungsfrist von sechs Wochen.

Oldtimer
---

false friend ➔ *oldtimer*   **true friend** ➔ *vintage car*

Beispiel:

Er nimmt jedes Jahr am Oldtimerrennen zwischen London und Edinburgh teil.
He takes part in a vintage car race between London and Edinburgh every year.

Der richtige Gebrauch des englischen Begriffs:

oldtimer   „alter Hase"; jemand der bei etwas schon lange dabei ist

If you need help, just ask one of the oldtimers who have been working here for years.
Solltest du Hilfe brauchen, frage einfach einen von den alten Hasen, die hier seit Jahren arbeiten.

ordinär

false friend ➔ *ordinary*   **true friend** ➔ *vulgar*

Beispiel:

Die ältere Dame war von der ordinären Sprache der jungen Leute schockiert.
The elderly lady was shocked by the vulgar speech of the young people.

Der richtige Gebrauch des englischen Begriffs:

ordinary   1. normal
2. alltäglich

1. *She had always had a crush on Jose Carreras, but now that she had met him, she was disappointed by his ordinary appearance.*
Sie hatte immer für Jose Carreras geschwärmt, aber nachdem sie ihn kennen gelernt hatte, war sie von seinem normalen Aussehen enttäuscht.

2. *As manageress of an advertising agency, a good meal in an expensive restaurant is an ordinary happening for her.*
Als Leiterin einer Werbeagentur ist ein gutes Abendessen in einem teuren Restaurant ein alltägliches Ereignis für sie.

(Ehe)Paar
---

false friend ➔ *pair*   **true friend** ➔ *couple*

Beispiel:

Keiner hätte gedacht, dass die zwei ein Paar sind, denn sie wechselten auf der Party kein Wort.
Nobody would have thought that they are a couple, because they didn't exchange a word at the party.

Der richtige Gebrauch des englischen Begriffs:

pair   Paar (zwei Stück)

She insisted on buying a new pair of shoes.
Sie bestand darauf, ein Paar neue Schuhe zu kaufen.

---
peinlich
---

false friend ➔ *painful*
true friend ➔ *embarrassing*

Beispiel:

Es war für ihn sehr peinlich, seine Freunde doch nicht zum Essen einladen zu können, weil er seine Brieftasche zu Hause gelassen hatte.
It was very embarrassing for him not to be able to pay for his friends' meals after all, because he had left his wallet at home.

Der richtige Gebrauch des englischen Begriffs:

painful   schmerzhaft

The place where the bullet had hit the soldier's leg was extremely painful, even after many years had passed.
Die Stelle, an der die Kugel das Bein des Soldaten getroffen hatte, war sehr schmerzhaft, obwohl viele Jahre seitdem vergangen waren.

Pest

false friend ➔ *pest*   **true friend** ➔ *plague*

Beispiel:

Im Mittelalter starben viele Menschen an der Pest.
In the Middle Ages, many people died of plague.

Der richtige Gebrauch des englischen Begriffs:

pest   1. Ekel, lästiger Mensch
           2. Schädling

1. *"I like most of my colleagues, but Diana is a real pest", Karen complained.*
   „Ich mag die meisten meiner Kollegen, aber Diana ist ein ganz schönes Ekel", klagte Karen.

2. *The pests in the garden are destroying the plants.*
   Die Schädlinge im Garten zerstören die Pflanzen.

Phantasie

false friend ➔ *fantasy*   **true friend** ➔ *imagination*

Beispiel:

Manchmal braucht man viel Phantasie, um die Handschrift eines Arztes lesen zu können.
Sometimes you need a lot of imagination to be able to read a doctor's handwriting.

Der richtige Gebrauch des englischen Begriffs:

fantasy   Vision, Traum

His fantasy about his becoming a film star is driving me crazy.
Sein Traum, ein Filmstar zu werden, macht mich noch verrückt.

Physiker

---

false friend → *physician*   **true friend** → *physicist*

Beispiel:

Die erste Atombombe wurde von Atomphysikern gebaut.
The first atom bomb was built by atomic physicists.

Der richtige Gebrauch des englischen Begriffs:

physician   Arzt/Ärztin

Nowadays more and more physicians are interested in alternative medicine.
Immer mehr Ärzte interessieren sich heutzutage für alternative Medizin.

plump

false friend → *plump*   **true friend** → *1. clumsy*
                                              2. crude

Beispiel:

1. In seinem Umgang mit Frauen ist er leider sehr plump.
   Unfortunately he is very clumsy in how he deals with women.

2. Der Film ist sehr plump gemacht.
   The film is made very crudely.

Der richtige Gebrauch des englischen Begriffs:

plump   mollig

The young girl felt herself to be too plump, although in fact she was very feminine.
Das junge Mädchen war der Meinung, dass sie zu mollig sei, obwohl sie tatsächlich sehr weiblich war.

Promotion

false friend → *promotion*   **true friend** → *doctorate*

Beispiel:

Es hat zwar zehn Jahre gedauert, aber endlich hatte Olga ihre Promotion bestanden.
It had taken her ten years, but finally Olga had her doctorate.

Der richtige Gebrauch des englischen Begriffs:

promotion
1. Beförderung
2. Werbekampagne

1. *He came up with some brilliant ideas for the company, and was rewarded with a promotion.*
Er hatte einige brilliante Ideen für die Firma und wurde mit einer Beförderung belohnt.

2. *The promotion of the product was simple but effective, and sales doubled within six months.*
Die Werbekampagne für das Produkt war einfach, aber wirksam, und die Verkaufszahlen erhöhten sich binnen sechs Monaten auf das Doppelte.

Prospekt

---

false friend → *prospect*
true friend → *prospectus, brochure*

Beispiel:

Um sich optimal auf ihren Urlaub vorbereiten zu können, verlangte sie alle möglichen Prospekte.
In order to prepare herself properly for her holiday, she asked for all kinds of brochures.

Der richtige Gebrauch des englischen Begriffs:

prospect   Aussicht, Chance

> *The prospects of winning the next championship were fairly high.*
> Die Chancen, die nächste Meisterschaft zu gewinnen, waren ziemlich hoch.

Puppe

---

false friend → *puppy*   **true friend** → *doll*

Beispiel:

Die Puppe, die ungefähr 200 Jahre alt war, wurde für 3.000 Mark versteigert.
The doll, which was around 200 years old, was sold at auction for 3,000 marks.

Der richtige Gebrauch des englischen Begriffs:

puppy   Welpe, junger Hund

> *Everyone in the family enjoyed playing with the puppy, which they had found in the forest in a very pitiful condition.*
> Jeder in der Familie spielte gerne mit dem jungen Hund, den sie in einem sehr Mitleid erregenden Zustand im Wald gefunden hatten.

Qualm

false friend ➔ *qualm*
true friend ➔ *dense smoke*

Beispiel:

Ihr Lagerfeuer entwickelte ziemlich viel Qualm, weil sie nur feuchtes Holz verwendet hatten.
Their bonfire produced a lot of smoke because they had only used damp wood.

Der richtige Gebrauch des englischen Begriffs:

qualm   Skrupel

She made lenghty long-distance calls from work without any qualms.
Ohne Skrupel führte sie lange Ferngespräche von ihrem Arbeitsplatz aus.

R

Rate

false friend ➔ *rate*
true friend ➔ *1. installment*
2. hire purchase

Beispiel:

1. Wir haben von den zwölf Monatsraten schon sechs abbezahlt.
   We have already paid six of the twelve monthly installments

2. „Ich würde das Auto gerne auf Raten kaufen", sagte die Kundin.
   "I'd like to buy the car on hire purchase", said the customer.

Der richtige Gebrauch des englischen Begriffs:

rate
        1. Quote
        2. Tempo
        3. Zinssatz
        4. Gemeindesteuern

1. *The rate of success at this school is very high.*
   Die Erfolgsquote in dieser Schule ist sehr hoch.

2. *The world changes at a very fast rate these days.*
   Die Welt ändert sich heutzutage in einem sehr schnellen Tempo.

3. *She received only a very low rate of interest on her savings.*
   Sie bekam nur einen sehr niedrigen Zinssatz auf ihre Ersparnisse.

4. *Because the residents were so angry when the council decided to raise the rates again, they organised a protest.*
   Die Bürger waren so verärgert, als der Stadtrat sich entschloss, die Gemeindesteuern noch einmal zu erhöhen, dass sie dagegen einen Protest organisierten.

---

rentabel

---

false friend ➔ *rentable*   **true friend** ➔ *profitable*

Beispiel:

Sie hat sehr viel Geld investieren müssen, um sich selbstständig zu machen, aber ihr kleines Unternehmen wurde sehr schnell rentabel.
She had to invest a lot of money in order to become self-employed, but her small business became profitable very quickly.

Der richtige Gebrauch des englischen Begriffs:

rentable   zu vermieten

Our little bungalow at the back of the garden is rentable.
Unser kleiner Bungalow hinten im Garten ist zu vermieten.

Rente

---

false friend → *rent*　　　　**true friend** → *pension*

Beispiel:

Heutzutage kann der Durchschnittsbürger normalerweise ganz gut von seiner Altersrente leben.
Nowadays the average person can normally live quite well on his old-age pension.

Der richtige Gebrauch des englischen Begriffs:

rent　　　　Miete, Mietzins

Our rent has been increased once again by 50 pounds.
Unsere Miete wurde nochmals um 50 Pfund erhöht.

Rezept

---

false friend → *receipt*
true friend → *1. recipe*
　　　　　　　　2. prescription

Beispiel:

1. „Deine Schokoladenmousse ist himmlisch! Könnte ich das Rezept dafür haben?", fragte Julian.
   "Your chocolate mousse is devine! Could I have the recipe?", Julian asked.

2. Sie ging gleich von der Arztpraxis zur Apotheke, um ihr Rezept einzulösen.
   She went straight from the doctor's to the pharmacist's to have her prescription filled.

Der richtige Gebrauch des englischen Begriffs:

receipt   Quittung

Frank always keeps his receipts safe, so that he can write as much as possible off his tax.
Frank bewahrt seine Quittungen immer sicher auf, damit er soviel wie möglich von der Steuer absetzen kann.

Rock

false friend ➔ *rock*　　　**true friend** ➔ *skirt*

Beispiel:

Sie war entsetzt, als der Ober roten Wein über ihren neuen Rock kippte.
She was horrified when the waiter spilled red wine all over her new skirt.

Der richtige Gebrauch des englischen Begriffs:

rock　　　Stein, Fels

He didn't see the large rock lying in the middle of the road, and only narrowly escaped a terrible accident.
Er sah den großen Stein nicht, der mitten auf der Straße lag, und ist einem schweren Unfall nur knapp entgangen.

Roman

false friend ➔ *Roman*　　　**true friend** ➔ *novel*

Beispiel:

„Die Sturmhöhe" von Emily Brontë ist mein Lieblingsroman und ich lese ihn oft.
"Wuthering Heights" by Emily Brontë is my favourite novel, and I read it often.

Der richtige Gebrauch des englischen Begriffs:

Roman   Römer, römisch

> *Cicero was one of the most famous Romans.*
> Cicero war einer der berühmtesten Römer.

Rückseite

---

false friend → *backside*
true friend → *reverse, back*

> Beispiel:
>
> Er schrieb seine Adresse auf die Rückseite des Briefumschlages.
> *He wrote his address on the back of the envelope.*

Der richtige Gebrauch des englischen Begriffs:

backside   Hintern

> *He slipped on the banana peel and he fell on his backside*
> Er rutschte auf der Bananenschale aus und fiel auf seien Hintern

Schnecke

false friend → *snake*   **true friend** → *snail*

Beispiel:

In französischen Restaurants kann man normalerweise Weinbergschnecken mit Knoblauch und Butter bestellen.
In French restaurants, it is usually possible to order snails with garlic and butter.

Der richtige Gebrauch des englischen Begriffs:

snake   Schlange

There are many snakes in the jungle.
Im Dschungel gibt es viele Schlangen

See

false friend → *sea* **true friend** → *lake*

Beispiel:

Der See in der Nähe meines Heimatortes ist von mehreren beliebten Campingplätzen umgeben.
The lake near my hometown is surrounded by several popular camp sites.

Der richtige Gebrauch des englischen Begriffs:

sea   Meer

He doesn't allow his children to go swimming when the sea is as rough as today.
Er erlaubt seinen Kindern nicht, schwimmen zu gehen, wenn das Meer so unruhig ist wie heute.

selbstbewusst

false friend → *self-conscious*
true friend → *self-confident*

Beispiel:

Obwohl meine Schwester sehr intelligent und schön ist, ist sie nicht besonders selbstbewusst.
Although my sister is very intelligent and beautiful, she isn't particularly self-confident.

Der richtige Gebrauch des englischen Begriffs:

self-conscious 1. gehemmt
                2. befangen
                3. verlegen

1. *He felt very self-conscious during his first date with her.*
Bei seiner ersten Verabredung mit ihr fühlte er sich sehr gehemmt.

2. *She felt very self-conscious when she had to speak in front of a large audience.*
Sie war sehr befangen, als sie vor einem großen Publikum sprechen musste.

3. *He was rather self-consious about his big nose.*
Er war wegen seiner großen Nase etwas verlegen.

(Radio-, Fernseh-)Sender

---

false friend → *sender*   **true friend** → *station*

Beispiel:

Unser Radio empfängt diesen Sender schlecht.
The reception for this station is very bad on our radio.

Der richtige Gebrauch des englischen Begriffs:

sender   Absender

It is necessary to write the sender's address on the envelope in case it can't be delivered.
Es ist notwendig, den Absender auf den Umschlag zu schreiben für den Fall, dass der Brief nicht zugestellt werden kann.

---

sensibel

---

false friend → *sensible*   **true friend** → *sensitive*

Beispiel:

Monatelang war die Stelle, an der er operiert worden war, immer noch sehr sensibel.
The place where he had been operated on remained very sensitive for months.

Der richtige Gebrauch des englischen Begriffs:

sensible   vernünftig

Mary's behaviour was always so correct and sensible that even her dog found her boring.
Marys Verhalten war immer so korrekt und vernünftig, dass sogar ihr Hund sie langweilig fand.

Smoking

---

false friend → *smoking*
true friend → *dinner jacket, tuxedo (US)*

Beispiel:

Paulas Mann trug gewöhnlich eine alte Jeans und ein T-Shirt und sie verliebte sich erneut in ihn, als er für die Hochzeit ihrer Schwester einen Smoking anzog.
Paula's husband usually wore old jeans and a t-shirt, and she fell in love with him again when he wore a dinner jacket to sister's wedding.

Der richtige Gebrauch des englischen Begriffs:

smoking   Rauchen

> *She gave up smoking when she was pregnant with her first child.*
> Sie gewöhnte sich das Rauchen ab, als sie mit ihrem ersten Kind schwanger war.

---

sparen

---

false friend → *spare*   **true friend** → *save*

Beispiel:

Wir versuchen immer, Strom und Gas zu sparen.
We always try to save electricity and gas.

Der richtige Gebrauch des englischen Begriffs:

spare
1. übrig haben
2. ersparen, befreien (von), verschonen
3. zusätzlich, übrig

1. *Do you have a spare pen?*
   Hast du einen Stift übrig?

2. *Can you please spare me your self-pity?*
   Verschone mich bitte mit deinem Selbstmitleid!

3. *Unfortunately, I didn't have spare tire with me when I ran over the broken glass.*
   Leider hatte ich keinen zusätzlichen Reifen dabei, als ich über die Glassplitter gefahren bin.

Speise

false friend → *spice*   **true friend** → *dish*

Beispiel:

Steak mit Pommes Frites war eine der Lieblingsspeisen meines Vaters.
Steak and chips was one of my father's favourite dishes.

Der richtige Gebrauch des englischen Begriffs:

spice   Gewürz

My grandmother makes her famous apple cake only with the best apples and quite expensive spices.
Meine Großmutter macht ihren berühmten Apfelkuchen nur mit den besten Äpfeln und ziemlich teuren Gewürzen.

spenden

false friend → *spend*   **true friend** → *donate*

Beispiel:

Wir möchten 200 Pfund für den „Fond zur Rettung des Igels" spenden
We would like to donate 200 pounds to the "Save the Hedgehog" fund.

Der richtige Gebrauch des englischen Begriffs:

spend   1. (Geld) ausgeben
2. (Zeit) verbringen

1. *"Even children spend too much money these days", the grandfather said.*
"Sogar Kinder geben heutzutage zu viel Geld aus", sagte der Großvater.

2. *They spend every summer in their bungalow in Florence.*
Sie verbringen jeden Sommer in ihrem Bungalow in Florenz.

Stadium

false friend → *stadium*   **true friend** → *stage*

Beispiel:

In diesem frühen Stadium konnten wir bis jetzt keine feste Entscheidung treffen.
So far at this early stage, we haven't been able to make a firm decision.

Der richtige Gebrauch des englischen Begriffs:

stadium   (Sport-)Stadion

A new stadium has been built for the Olympic Games.
Für die Olympischen Spiele wurde ein neues Stadion gebaut.

---

sympathisch

---

false friend → *sympathetic*
true friend → *nice, likable*

Beispiel:

Die meisten Leute mochten Tom Ripley nicht, aber ich fand ihn sehr sympathisch.
Most people didn't like Tom Ripley, but I found him very nice

Der richtige Gebrauch des englischen Begriffs:

sympathetic   mitfühlend

All his friends were very sympathetic when his girlfriend left him.
Alle seine Freunde waren sehr mitfühlend, als seine Freundin ihn verließ.

T

Tablett
---

false friend → *tablet*   **true friend** → *tray*

Beispiel:

Nach einem anstrengenden Arbeitstag isst sie ihr Abendbrot am liebsten auf einem Tablett im Wohnzimmer vor dem Fernseher.
After a hard day at work, she prefers eating her evening meal on a tray in the sitting room in front of the television.

Der richtige Gebrauch des englischen Begriffs:

tablet   Tablette

Do I get these tablets for free or do I have to pay for them?
Bekomme ich diese Tabletten umsonst oder muss ich etwas dafür zahlen?

Tafel

---

false friend → *table*   **true friend** → *blackboard*

Beispiel:

Nachdem die Schüler die Aufgaben vollständig gelöst hatten, schrieb die Lehrerin die richtigen Antworten an die Tafel.
After the pupils had completed all the exercises, the teacher wrote the correct answers on the blackboard.

Der richtige Gebrauch des englischen Begriffs:

table   Tisch

Stephen's household jobs were to set the table for the family every evening and to mow the lawn every Sunday.
Stephens Haushaltspflichten waren das allabendliche Tischdecken für die Familie und das Rasenmähen jeden Sonntag.

Taste

---

false friend → *taste*   **true friend** → *key*

Beispiel:

Die Hände des Klavierspielers bewegten sich unglaublich schnell über die Tasten.
The pianist's hands moved unbelievably quickly over the keys

Der richtige Gebrauch des englischen Begriffs:

taste Geschmack

The taste of the new designer ice-cream was somewhere between onions and strawberry jam.
Der Geschmack des neuen Designer-Eises lag irgendwo zwischen Zwiebeln und Erdbeerkonfitüre.

Transparent

---

false friend → *transparent*   **true friend** → *banner*

Probably the first transparent demonstration...

Beispiel:

Hunderte von Bergarbeitern zogen mit Transparenten durch die Straßen Liverpools und riefen Parolen.
Hundreds of miners walked with banners through the streets of Liverpool shouting slogans.

Der richtige Gebrauch des englischen Begriffs:

transparent   durchsichtig

Her dress was so transparent that the police considered arresting her.
Ihr Kleid war so durchsichtig, dass die Polizei es in Erwägung zog, sie zu verhaften.

Trubel

---

false friend → *trouble*
true friend → *hustle and bustle*

Beispiel:

Sie liebte die Stadt mit ihrem Trubel, aber vermisste trotzdem die Stille des Bauernhofes, auf dem sie aufgewachsen war.
She loved the city with its hustle and bustle but despite this missed the quietness of the farm where she grew up.

Der richtige Gebrauch des englischen Begriffs:

trouble   1. Mühe
2. Ärger, Schwierigkeiten, Konflikt

1. *"I don't want to cause any trouble", said Mrs Brown when she arrived at her daughter's flat. "I'll make the tea myself."*
   „Ich möchte dir keine Mühe machen", sagte Mrs Brown, als sie in der Wohnung ihrer Tochter ankam. „Ich koche den Tee selber."

2. *His laziness caused him a lot of trouble, both at home and at work.*
   Seine Faulheit verursachte viele Schwierigkeiten für ihn, zu Hause ebenso wie bei der Arbeit.

---

turnen

---

false friend → *turn*
true friend → *do gymnastics*

> Beispiel:
>
> Meine Schwester turnt jeden Abend in der Turnhalle.
> *My sister does gymnastics every evening in the gym.*

Der richtige Gebrauch des englischen Begriffs:

turn   1. drehen
               2. sich umdrehen

1. *I turned the knob and entered the room that led into the garden.*
   Ich drehte den Türknopf und betrat den Raum, der in den Garten führte.

2. *The soldier turned and waved good-bye to his sweetheart for the last time.*
Der Soldat drehte sich um und winkte seiner Geliebten ein letztes Mal zu.

überholen

false friend ➔ *overhaul*   **true friend** ➔ *overtake*

Beispiel:

Der Wagen raste mit 220 km/h die Autobahn entlang und überholte fast alle Autos, bis sein Motor ausfiel und er stehen blieb.
The car raced down the motorway at 220 kph and overtook almost all the other cars until its motor broke down and it stopped.

Der richtige Gebrauch des englischen Begriffs:

overhaul   in Stand setzen, überholen

> *The Porsche's owner was very proud of his car. He had it overhauled every month and washed every week.*
> Der Besitzer des Porsche war sehr stolz auf sein Auto. Er ließ es jeden Monat überholen und jede Woche waschen.

überhören

---

false friend → *overhear*   **true friend** → *not to hear*

Beispiel:

Sie überhörte die Warnung ihrer Mutter und verbrannte sich die Hand.
She didn't hear her mother's warning and burnt her hand.

Der richtige Gebrauch des englischen Begriffs:

overhear   (zufällig) mitbekommen, mithören, aufschnappen

> *Yesterday when we were sitting next to the mayor in the restaurant, I overheard that the council is planning to refurbish the town hall.*
> Als wir gestern im Restaurant neben dem Bürgermeister saßen, habe ich mitbekommen, dass der Stadtrat plant, das Rathaus zu restaurieren.

Unternehmer

false friend → *undertaker*
true friend → *entrepreneur*

Beispiel:

Letztes Wochenende schlossen sich mehrere Unternehmer zu einer Holding-Gruppe zusammen.
Last weekend, several entrepreneurs joined together and created a holding company.

Der richtige Gebrauch des englischen Begriffs:

undertaker   Leichenbestatter

The undertaker came to take the body to the funeral parlour.
Der Leichenbestatter kam, um den Toten ins Bestattungsinstitut zu bringen.

unterschreiben

false friend ➔ *subscribe* **true friend** ➔ *sign*

Beispiel:

„Würden Sie bitte dieses Formular unterschreiben, Madame?", bat die Empfangsdame.
"Would you please sign this form, Madam?", asked the receptionist.

Der richtige Gebrauch des englischen Begriffs:

subscribe abonnieren

It is easy to subscribe to a magazine or newspaper, but more difficult to cancel a subscription.
Es ist einfach, eine Zeitschrift oder Zeitung zu abonnieren, jedoch schwierig, ein Abonnement wieder zu kündigen.

V

---

virtuos

---

false friend ➔ *virtuous* **true friend** ➔ *virtuosic*

Beispiel:

Die Aufführung von Beethovens Klaviersonaten war virtuos und hinreißend.
The performance of Beethoven's piano sonatas was virtuosic and thrilling.

Der richtige Gebrauch des englischen Begriffs:

virtuos tugendhaft

The knights and ladies in the old sagas were nearly always beautiful and virtuos
Die Ritter und Damen in den alten Sagen waren fast immer schön und tugendhaft

W

Wand

false friend ➔ *wand*   **true friend** ➔ *wall*

Beispiel:

Die Wände des Schlosses waren dicht mit seltenen und wertvollen Gemälden behängt
The walls of the castle were lined with rare and valuable paintings.

Der richtige Gebrauch des englischen Begriffs:

wand   Zauberstab

The good fairy waved her magic wand and granted the princess three wishes.
Die gute Fee bewegte ihren Zauberstab und gewährte der Prinzessin drei Wünsche.

Warenhaus

---

false friend ➔ *warehouse*
true friend ➔ *department store*
   Beispiel:

   Das Warenhaus hat eine große Auswahl an Büchern.
   The department store keeps a wide range of books.

Der richtige Gebrauch des englischen Begriffs:

warehouse   Lager(haus), Lagerhalle

   The old warehouse is full of rats.
   Das alte Lagerhaus ist voller Ratten.

---

winken

---

false friend ➔ *wink*   **true friend** ➔ *wave*

Beispiel:

Nach seinem Sieg auf dem Centre-Court winkte der Tennisspieler seinen vielen treuen Fans zu.
After his victory on the centre court, the tennis player waved to his many faithful fans.

Der richtige Gebrauch des englischen Begriffs:

wink blinzeln

> *After he had successfully played a trick on his teacher, he winked at his classmates.*
> Nachdem er dem Lehrer erfolgreich einen Streich gespielt hatte, blinzelte er seinen Kameraden zu.

---

wischen

---

false friend → *wish*   **true friend** → *wipe*

Beispiel:

Nachdem alle Gäste gegangen waren, saugte er Staub und wischte die Tische gründlich ab.
After all the guests had gone, he vacuumed and thoroughly wiped down the tables.

Der richtige Gebrauch des englischen Begriffs:

wish (sich) wünschen

The children wished that their father would come home for Christmas and bring a lot of presents with him.

Die Kinder wünschten sich, dass ihr Vater zu Weihnachten nach Hause kommen und viele Geschenke mitbringen solle.

Wunder

---

false friend → *wonder*   **true friend** → *1. miracle*
                                                  2. surprise

Beispiel:

1. „Es ist ein Wunder für mich, wie du die Prüfung schaffen konntest", sagte Chris zu seinem Bruder.
   "It is a miracle to me how you managed to pass your exam", Chris said to his brother.

2. Es war kein Wunder, dass er den Brief nicht finden konnte: Seine Frau hatte ihn weggeworfen.
   It was no surprise that he couldn't find the letter: his wife had thrown it away.

Der richtige Gebrauch des englischen Begriffs:

wonder   sich fragen

> *I wonder why he didn't arrive here on time.*
> Ich frage mich, warum er nicht pünktlich kam.

Z

Ziel
---

false friend → *zeal*   **true friend** → *1. goal*
                                          2. destination

Beispiel:

1. Ihr Ziel im Leben war es, viel Geld zu verdienen.
   Her goal in life was to earn a lot of money.

2. Er hatte Freudentränen in den Augen, als sich sein Traum erfüllte und der Zug sein Ziel erreichte.
   There were tears of joy in his eyes as his dream came true and the train reached its destination

Der richtige Gebrauch des englischen Begriffs:

zeal   Eifer

She started her new job with great zeal
Sie ging ihre neue Stelle mit großem Eifer an.

REGISTER

absolve	7
act(s)	8
actual	9
ale	5
alley	10
also	11
ankle	33
art	13
axle	7
backside	100
bank	16
bean	20
become	18
becoming	18
berate	19
blame (oneself)	21
blank	22
brave	23
briefcase	25
bright	24
building	20
cart	59
caution	61
chef	26
coal	63
concurrence	65
confession	64
consequent	66
cook	62
cost	67
crafty	67
critic	68
decent	27
dome	29
eagle	57
engaged	32
enroll	30
etiquette	34
eventually	35
fabric	36
familiar	37
famous	38
fantasy	88
fast	39
fasten	40
flatter	42
floor	43
fly	43
foul	41
gang	45
genial	46
genie	47
gift	47
glance	48
gruesome	49
guilty	50
gymnasium	51
handle	52
helm	55
hose	56
housemaster	54
housework	53
hut	56
jealousy	58
kind	61
lager	70

lecture	70	rent	96
locker	71	rentable	95
lumps	72	rock	98
lust	73	Roman	99
map	75	sea	102
mayor	74	self-conscious	103
meaning	76	sender	103
menu	77	sensibel	104
mince	77	sleep in	31
mist	78	smoking	106
murder	79	snake	101
		spare	106
nearby	80	spend	108
newly	81	spice	107
note	82	stadium	109
notice	82	stand up	13
		subscribe	119
offhand	6	sympathetic	109
oldtimer	83		
ordinary	84	table	111
outlandish	15	tablet	110
outspoken	14	taste	112
overhaul	116	thick	28
overhear	117	transparent	113
		trouble	113
painful	86	turn	114
pair	85		
pest	87	undertaker	118
photograph	44		
physician	88	virtuos	120
plump	89		
promotion	90	wand	121
prospect	91	warehouse	122
puppy	92	wink	123
		wish	123
qualm	93	wonder	124
rate	94	zeal	125
receipt	97		

127